한국의사시인회 제13시집

무등산 나무 의사

시산맥 기획시선 151

무등산 나무 의사

시산맥 기획시선 151

초판 1쇄 인쇄 | 2025년 6월 25일
초판 1쇄 발행 | 2025년 6월 28일

지은이 한국의사시인회
펴낸이 문정영
펴낸곳 시산맥사
편집주간 김필영
편집위원 최연수 박민서
등록번호 제300-2013-12호
등록일자 2009년 4월 15일
주소 03131 서울특별시 종로구 율곡로 6길 36. 월드오피스텔 1102호
전화 02-764-8722, 010-8894-8722
전자우편 poemmtss@naver.com
시산맥카페 http://cafe.daum.net/poemmtss

ISBN 979-11-6243-595-3 (03810) 종이책
ISBN 979-11-6243-596-0 (05810) 전자책

값 12,000원

* 이 책은 전부 또는 일부 내용을 재사용하려면 반드시 저작권자와 시산맥사의 동의를 받아야 합니다.
* 이 책은 교보문고와 연계하여 전자북으로 발간되었습니다.
* 본문 페이지에서 한 연이 첫 번째 행에서 시작될 때에는 〈 표기를 합니다.
* 저자의 의도에 따라 작품의 보조 동사와 합성 명사는 띄어쓰기가 달라질 수 있습니다.

무등산 나무 의사

한국의사시인회

홍지헌 김경수 박언휘 박세영 김세영 박권수 김호준
송명숙 손경선 조광현 정의홍 김기범 서 화 주영만
김승기 윤태원 김연종 김 완 서홍관 유 담

| 서 문 |

가파른 시간들이었다.
삶은 예기치 않은 고비들을 지나며 우리를 흔들어 놓고 설명하기 어려운 감정들이 일상의 틈마다 집요하게 쌓여 갔다.

시인은 타인의 마음에 오래 머무는 사람이라고 생각한다.
짧은 시간에 문장을 새기고 제목을 쓰고, 탈출 직전까지 필사적인 사람들, 한 줄의 말을 조심히 모아서 독자에게 다가가고 또한 이렇게 탄생한 시는 삶을 견디고 있는 이들에게 희망의 사유思惟가 될 수 있었다.

의학은 사람들의 지친 몸을 치유하지만, 때로는 마음이 먼저 아프다는 것을 우리는 알고 있다. 의사로서 우리는 생명의 경계에서 일하며, 시인으로서 그 경계에 핀 감정의 파행을 생각한다. 이 사화집에 담긴 시들은 그러한 순간들에서 태어났다. 그저 감사한 마음뿐이다.

이번 제13사화집 발간에 열린 마음으로 아낌없이 조언해 주신 시산맥사 문정영 대표와 김영찬 시인, 격려해 주시고 기꺼이 좋은 초대시를 보내 주신 마종기, 이원로, 김춘추 시인께 감사드리고 또한 직접 번역하신 시를 다듬어 보내주신 김애양 작가님에게도 감사의 말씀을 드린다.

무엇보다도 바쁘고 어려운 환경 속에서도 옥고를 보내주신 한국의사시인회 시인들께 진심으로 고맙다는 말씀을 전하며 묵묵히 다양한 삶을 지탱하고 계시는 독자 여러분들의 건강과 행복을 기원한다.

2025년 6월
한국의사시인회 회장 서종호

■ 차례

초대시

마종기	늦가을 와온 해변	18
이원로	북 치는 사람	21
김춘추	백령도, 눈 내리는	23

회원시

홍지헌	나에게로 흘러와	29
	유리문 밖에서	30
	아들들 뒷모습을 보면	31

김경수	이야기하는 꽃	35
	이제 와 항상 영원히	37
	바람이 넘어지는 풍경	39

박언휘	부활을 보다	43
	독도	45
	행복한 여백	47

박세영	무엇을 위하여	51
	열쇠	53
	하나로	54
김세영	새로운 약속(新約)	57
	별빛의 화법	60
	얽힘	62
박권수	2월의 봄	67
	겨울산	68
	인정리 장 씨	69
김호준	그늘의 자리	73
	기대의 무게	74
	멈춰 선 순간	75
송명숙	출근의 무게	79
	물방울과 허공	80
	개울 그림자	81

손경선	'혼자'를 말하다	85
	수싸움	86
	기도를 훔쳐보다	87
조광현	나무의 이야기	91
	알츠하이머 숲	93
	가서 도우리라	95
정의홍	남도 기행 3	99
	대관령 숲길에서	100
	야간비행	102
김기범	타임리스	105
	전시회	107
	사월의 신부	109
서 화	달빛 속 사이프러스	113
	다시 피어나는 것들을 위하여	115
	원미산에 바람 불어오면	116

주영만	흔들린다	121
	그리움	122
	종소리 2	123

김승기	혼술	127
	동백처럼	128
	색즉시공	129

윤태원	이상하지 않은 정신과 의원	133
	자은도	134
	원맨쇼	136

김연종	호스피탈로피테쿠스	141
	오이디푸스나무 그늘 아래서 설핏 잠들었다	142
	비만을 연구하는 비만 의사	144

김 완	무등산 나무 의사	149
	어머니와 대구탕	150
	책 읽는 사람은 아름답다	151

서홍관	아일랜드 격언	155
	3년만 더 살게 해줘요	156
	국립암센터 소망 트리	157

유 담	만발	161
	안경	162
	겨울 파도	163

번역시 소개

| Caminemos | 166 |
| 함께 걸어요 | 169 |

초대시

마종기 늦가을 와온 해변

이원로 북 치는 사람

김춘추 백령도, 눈 내리는

늦가을 와온 해변

마종기

1
느지막이 와온 해변에 도착했다.
사방이 적적하고 흐리기만 해
뜨끈한 어묵을 후후 먹으면서
말도 없이 한눈파는 바다를 본다.
집 없는 개 한 마리 다리 절며
멀찍이서 나를 따라 해변을 걷는다
바다에 사는 젖은 바람이 반갑다며
내 팔을 건드리며 알은체한다.

누구를 만나러 여기까지 온 건지
그동안 잘 지냈느냐고 중얼거리니
이제 그만 기다리고 떠나야겠다네.
모두들 가버려 말 붙일 곳도 없다면
언제고 한 번 떠나는 것은 찬성이지만
그래도 너무 멀리 가는 것은 반대다.
두고 봐라, 너도 나처럼
나이 들면 틀림없이 후회할 거다.

남아 있던 어묵 몇 개 건져 먹고

식어버린 국물까지 먹고 나니
잘 가라는 인사들 듣기도 전에
와온이 천천히 보이지 않는다.
세상은 늘 내게서 그렇게 사라졌다.

2
이제야 가끔 보인다.
젊은 날 미미하다고 흘린 사연
일몰의 바다에 조금씩 밀려 나가고
혼자 사는 바람도 떠나지 못해
이 세상에 저 찬란한 노을이 돌아오는구나.
바다에 섞이지 못하는 물고기들이
낙조의 물살과 사랑을 나누는 오늘
저녁은 돌아가지 않고 그대로 물에 잠긴다.

이제야 보인다.
내 안에 가득 고인 네 말
내가 잘못 살아왔다고
자꾸 말해봐야 어쩌겠니?

썰물같이 모진 날은 물러갈 줄 알았지.
끝내야 할 나이가 10리 개펄에서
나를 기다리고 있는데 어찌겠니?

비가 한차례 오려는지
뻘밭의 짱뚱어와 칠게만
뭔 일 한다고 들락날락 바쁘고
와온 해변에는 밤중까지
아무런 기척도 들리지 않았다.

북 치는 사람

이원로

온몸의 힘을 모아
황홀에 잠겨서
엄숙하게 담대히
북을 두드리지

차례가 지나니
다음 기회까지
심오한 표정으로
때를 기다리지

다음 악장이 열리며
기회는 다시 오리
지휘자가 눈짓하리
작곡자의 악보대로

세상은 기다림의 연속
다시 올 기회의 연주
끝없는 만남의 사슬
고수의 지극한 두드림
〈

연주가 끝난다 해도
모두가 끝난 건 아니리
이 세상이 다 끝난다 해도
모두가 끝나는 건 아니리

백령도, 눈 내리는

김춘추

눈아, 이왕지사 저 건너 몽금포에
내려와 앉지 그래
장산곶 마루에서 춤도 추고
임도 보고
인당수에 눈물 좀 보태다
은근슬쩍 코끼리바위 코도 만지고
이도 저도 싫으면
금모래 십 리길 바람의 날개 타고
흰 나비여도 좋지 좋아
그래, 그러다가 아무도 몰래
목마른 청솔밭 마른 목 축여주고
땅속으로 예쁘게 스미면
오는 봄을 열어
착한 뿌리 튼실하게 키워줘, 눈아

한국의사시인회
회원시

홍지헌　김경수
박언휘　박세영
김세영　박권수
김호준　송명숙
손경선　조광현
정의홍　김기범
서　화　주영만
김승기　윤태원
김연종　김　완
서홍관　유　담

홍지헌

1958년 강원 동해 출생.
2011년 『문학청춘』 등단.
시집 『나는 없네』 『자작나무는 하염없이 하얗게』.
제5대 한국의사시인회 회장 역임.
서울 강서구 연세이비인후과의원 원장.
hjhent@naver.com

시인의 말

세 편의 시를 골라 놓고 보니
내 모습이 너무 어두워 보인다.
'언젠가는 밝아지겠지' 하는 막연한 기대감도
이제는 소멸시효가 지난 것 같다.

나에게로 흘러와

한 달에도 몇 권씩
책이 배달된다.

책은
원래 나무였지만
물처럼 흘러와
흙처럼 쌓인다.

이리저리 이어진
인연의 물길을 생각하며
거대한 책의 퇴적층을
잠자코 바라본다.

시간이 더 쌓인 후
책의 지층 사이에서
나의 오래된 무지와 나태가
화석으로 출토될 수도 있겠다.

이미 나의 시간은 지나서
부끄러움의 시간도 지나고
화석의 시간만이 고개를 갸우뚱할
그때를 생각하며.

유리문 밖에서

합장 삼배를 올리고
유리문 밖에서 법당 안을 들여다보면

불공을 드리는 불자들
스님이 사용하는 법고
가운데 서 계신 돌부처님
벽면 가득 작은 불상들 보이고,
두 손을 모은 내 모습과
먼 바깥의 풍경도 유리문에 들어와 있다.

안과 밖을 동시에 담고 있어
어느 하나 또렷하지 않다.

법당 안의 돌부처님보다
백팔 배를 올리는 불자들보다
먼 바깥의 풍경보다
합장하고 서 있는 내 모습에 눈길이 간다.
겹쳐져 흐려진 모습 중에서
가장 어두워 보인다.

아들들 뒷모습을 보면
- 뒷모습 2

아버지 뒷모습을 보며 걷다가
뒷모습이 되었다.

내 뒷모습을 보며 자란 아들들이
어느덧 뒷모습을 보이며 앞서 걸어간다.

허리와 무릎이 아파 천천히 걸으며
아들들 뒷모습을 보면

내 모습이 보인다.
반갑고 고맙고 먹먹하고 미안하다.

김경수

1993년 『현대시』 등단.
시집 『이야기와 놀다』 『편지와 물고기』 등.
문학·문예사조 이론서 『알기 쉬운 문예사조와 현대시』.
계간 『시와사상』 발행인.
부산 김경수내과의원장.
odysey57@daum.net

시인의 말

「이야기하는 꽃」은 의인화된 꽃들이 서로 이야기를 하며 부끄러움과 한탄과 울음을 터뜨리기도 하는데 그 이야기들이 계속 이어지며 결국에는 절망이 희망이 되는 이야기를 한다는 내용의 시이고 「이제 와 항상 영원히」에서는 풍경이 의인화되어 시적 화자에게 살아온 인생에 대한 여러 가지 질문을 던진다. 우리는 자신의 삶을 되돌아보고 인생에 대해서 한번 진지하게 생각해볼 필요가 있지 않을까? 「바람이 넘어지는 풍경」은 이 세상에서 인생을 아름답게 하는 것은 '진정한 사랑'이라는 주제로 이야기를 만들어 본 시이다.

이야기하는 꽃

석양을 등지고 이야기가 돌아왔다.
이야기는 화려한 빛깔의 이력履歷을 자랑하며
사람들의 옆에 앉았다.
저녁 식탁에 앉은 꽃들이 서로의 안부를 묻고
바람이 불자 작은 꽃들이 자취를 감추었다는 사실을 토로했다.
침묵하는 꽃은 침묵으로 깊은 공감을 표했다.
꽃병에 물만 채우면 이야기꽃이 쉽게 피어날 줄 알았는데
진지한 표정을 지으며 이야기는 잠시 중단되었고
다시 피어난 이야기는 점점 길어져 갔다.
만약 식탁 위에 책이 있었다면 이야기는 더욱더 길어졌을 것이다.
숨기고 싶은 이야기도 결국 그 식탁에 펼쳐졌고
부끄러움과 한탄과 울음이 폭발했다.
시간이 흐를수록 더욱더 길어져 가는 이야기에
참석한 꽃들은 시들어 갔고
이야기가 오고 가며 사건의 전말顚末이 드러났다.
밤을 밝히며 이야기를 하다가
항간에 떠도는 소문이 담론이 되었고
이야기는 계속 눈덩이처럼 굴러갔다.

울음을 참는 소리가 들렸다.
죄책감을 토로하는 소리도 들렸다.
이야기의 결말이 궁금했다.
새벽에 꽃 피는 소리가 들렸다.
조용히 숨죽이고 있던 꽃이
자신의 힘들었던 생활과 절망을 길게 늘어놓았다.
절망은 수다가 되어 깃발처럼 펄럭였고
절망은 누구에게나 찾아가 친구가 되기를 간청했다.
절망 속에도 희망을 꿈꾸는 깊은 이야기가 있었다.
희망을 허리에 차고 버스와 기차를 타고 추억을 찾아가던 시간과
집을 나와 배회하던 시간이
또 다른 슬픈 이야기를 만들었다.
즐거운 여행을 꿈꾸던 꽃이 속절없이 나뭇가지에서 떨어졌다.

이제 와 항상 영원히

사진기로 풍경을 찍는다.
풍경이 사진기 안으로 들어와 앉는다.
풍경이 나에게 말을 건다.
무척 얼굴이 핼쑥해졌네요.
고통과 난관을 극복하는 역사를 쓰는군요.
항상 즐거움과 행복만이 있는 것은 아닌 인생에서
선과 악이 충돌하는 이 세상에서
눈물과 기도로 이루어진 하얀 성을 쌓았군요.
길가의 나무 의자는 상식적으로 낡아가고 있어요.
낡아감 속에서 지혜가 꽃피지요.
풍경에서 날개를 다친 새를 끄집어내는 일도 있다.
날지 못하는 새를 보는 어떤 날에는
풍경 속의 나무만 바라보아도 몸이 아픈 적이 있다.
사진 속 풍경을 만져볼 수는 없지만
풍경에서 통증이 느껴진다.
사진기로 "세상에 영원한 것은 없고,
인생은 흐린 바람이다"라는 문장을 찍는다.
그것은 내가 쓰고 싶은 문장이 아니었지만
단어들이 걸어 나와 여행기를 쓴다.
인생의 걸어온 길은 아름답습니까?

음악은 햇살처럼 빛나고 침묵 뒤에 따뜻이 피어나는 노래
우아한 몸짓으로 웃고 있는 꽃들
서로를 그리워하는 사람들의 마음들이 화사하다.
잠을 자고 나니 결말 부위가 완성되었지만
사랑에 실패했기 때문에
"이제 와 항상 영원히 사랑은 없다"라고 쓴다.
인생의 여행기는 소설보다 지루하다.

바람이 넘어지는 풍경

문(門)을 열면 달려오던 바람이 넘어지는 풍경이 보였다.
문 앞에 서 있던 침묵이 물었다.
"이 세상에 아름다운 것이 있습니까?"
햇살은 흐르는 꽃이 되어 음악을 연주했다.
변치 않는 마음이 인사를 했다.
사랑하는 사람을 위해 문을 열어주는 행위가
마음에 아름다운 그림을 그리지요.
말로서 세상이 더러워지니
꽃들의 침묵을 들으며
꽃들을 위해 꽃병에 물을 붓는 소리가 아름답지요.
울음이 울음을 떠날 때
사랑의 본질을 이해할 수 있지요.
"진정한 사랑이 영혼에 꽃을 피운다"라는 문장이 나를 방문하였고
  나는 문장을 만져볼 수는 없지만
  진정한 사랑이 없으면 인생은 초라해지고
  사랑은 미풍을 따라 날아가는 마지막 편지라는 것을 안다.
  그리움은 인생에서 햇살이고 별빛의 한 찰나를 연주하는 음악이다.

박언휘

경북 울릉도 출생, 호는 포춘(舖春).
국제 PEN 문학 홍보이사, 한국시인협회 기획 이사.
시 계간지 『시인시대』 발행인.
저서 『박언휘 원장의 건강이야기』 『미래를 향한 선한 리더십』 등
박언휘종합내과 원장, 한국노화방지연구소 이사장,
odoctor77@naver.com

시인의 말

지구의 끝 어딘가에 있을
낯선 사랑에

그리움은 가슴속을 헤집으며
나를 부둥켜안는다

촛불처럼 녹아내리는 삶
죽음 뒤에 마주칠 새로운 생을 위해
두 손을 모은다
아름다운 생명의 부활을 위해

부활을 보다

지난 5월 4일
그 푸르른 날,
40대 여성 지체장애인이 하늘나라로 갔다

새가 되어 어디든 날아가고 싶다던
그녀가 강을 따라 바다로
병실 창밖 너머
꿈꾸던 아득한 산봉우리를 지나
별이 속삭이고 달이 어둠을 밝히는
하늘 높이 날아간 것이다

마오리족이 신성시했다던 뉴질랜드의 후아이아새 깃털은 3,900만 원에 낙찰되었다고 하지만 날개가 없는 그녀는 깃털 대신 심장, 간, 좌우의 폐와 신장을 주고 갔다. 다섯 명에게 자신의 생명을 무상으로 나눠주고 Trans Human 시대의 Prelude가 되어 떠난 것이다. 돈 대신 생명을 주었다.

코로나19로 많은 분들이 세상을 떠나갔다
죽음의 현장에서
의사로서 할 수 있는 일이 없었다
한없이 무기력한 나는

나의 삶이 무너지는 소리를 들었다
나를 버리고
새가 되어 훨훨 나를 버리고 싶었다

아득한 절벽의 끝에서
지체장애인의 삶을 만났다
그녀가 주고 간 삶을 만났다
그녀를 대신하여
다섯 명이 살아나는 생명을 보았다

그녀의 부활을 보았다

원래 맨몸으로 이 세상에 온 것,
이 세상에서 얻은 것은
남김없이 주었을 때
다시 살아난다는 것을 보았다

이 세상에 얻은 것은
이 세상에 고스란히 되돌려 주고 갈 때

나는 나를 지킬 수 있음을 알았다

독도

동해의 작은 섬
내 고향 울릉도
그 곁에 홀로선 독도
출렁이는 파도 소리로
가슴이 일렁이던 그곳
밤마다 낮을 기다렸고
낮이면 또 다른 낮을 기다리며
육지로 간 님을 기다리던 당신
홀로된 독도
열아홉
첫사랑이
그리움으로 깨물은 입술로
사모하는 아픔으로
제 살갗을 꼬집어
검푸르게 멍든 날에도
끊임없이
일렁이던 작은 섬, 독도
사라진 뱃길로
눈물로 얼룩지던 내 유년 시절
돌아올

기약 없던 오징어잡이 떠난
식이, 호야, 철이 아빠
갇혀버린 어린 가슴은
휘이 휘이
갈매기가 되어 비상하고,
바다는
파도는
외로움을
수천 년간 견뎌내며
그렇게 평온함을 품어 온 독도
다시는
혼자가 아니노라고,
파도 소리로
잃어버린 사랑의 상처를 포효해 보지만
이미
가슴앓이로
귀조차
멀어버린 당신

행복한 여백

바람을 차고 오르는 솔개 깃처럼
찬란한 아침을 맞는 우리
순백한 맴놀이에
전율하는 하늘을 담아본다
가끔 구름 사이로 내민
꿈일 것 같은 부적을 거머쥐고
지저귀는 새소리
그 날개 위로 마음껏 누벼본다
유채꽃 피고 노랑나비 춤추던
언덕배기 채마밭 고랑으로
얼굴 하나 묻어둔 그 씨앗 같은 희망을 토닥이며
메마른 흙 갈피를 열어본다
거기 앳된 밤하늘 별들은
눈썹을 닫고 잠들어 있는데
손끝에 잡힐 듯 걸린 꿈 조각들만
등불을 켜고 눈썰매 끝에서 흔들리고 있다
아름답게 채색해가는
아침의 창밖에
밤새 다듬질한 모시 저고리처럼
오롯이 내 가슴에 걸린 풍경으로 설레인다

박세영

2019년 『시와문화』 등단.
시집 『바람이 흐른다』 『날개 달린 청진기』.
광주광역시 박내과의원 원장.
psy6749@hanmail.net

시인의 말

무엇을 위하여 희생하는가
어지러운 세상이다
혼돈에서 나오기를 힘쓰며
본분을 다하여 바로 서고자 노력한다
하나가 되기까지 우여곡절이 있을지라도
헤쳐 나가야 할 일이 너무도 많기에
너와 나 그리고 우리는
열쇠와 자물쇠처럼
손잡아야 할 믿음이 있다

무엇을 위하여

그늘진 얼굴은 고독한 어깨 위에서
면역력의 한계를 딛는다

KTX에 몸을 얹고 날개를 단다
하얀 가운은 환자복이 되어

폐렴과 함께 늘어난 흉수는
부풀어 오른 가슴이 되어 넘실거리고

얼마나 시간이 흘렀을까
수액으로 한 방울씩 주입되는 항생제의 침투는

전투의 시작

어둠이 자정을 지난 고요를 틈타
작전을 벌인다, 비상계엄

전국을 지휘하다 무리수를 둔 완악한 계략으로
민주의 가슴에 총부리를 겨눈다
〈

평화를 거스르는 명령에 눈보라치듯
촛불의 저항이 굳세다

광주의 정신을 고취한다더니 오히려
죽은 자 앞에서 보란 듯이 극단의 칼춤을 춘다

민초를 품지 않는 저 끄트머리 같은
그 칼끝은 누구를 향하는가

폐렴균은 사멸되어 점막에 휩쓸리는데
탄핵의 강가에서 신음하는 저 얼굴을 보라

선과 악의 침투
무엇을 위하여 희생을 하는가

후유증을 남긴 채
세균은 죽고 암적 존재가 사라진다

열쇠

곁에 있어 행복했다
그대 마음이 아득해질 때
자물쇠를 열고 나와 버렸다
땀에 배어 마음은 눅눅해지고
울음소리조차 번잡하게 얽혀
온통 흐느적거리다 하소연하여도
이명은 증폭되어 동행하기 힘들었다
밤거리에 누워 별을 본다
그를 지키는 파수꾼이어야 했을까
인연은 바람에 이끌려
길 위로 나뒹군다
다시 설 자리는 어디인가
당신은 날 찾으려나
화해는 될까

하나로

용산에 피어난 꽃봉오리
분홍빛이 꺼질 줄 모른다
파란빛을 품어 대조를 이루는가
어느새 별빛으로 동화된다

군데군데 쌍을 이루어
각자의 여름을 뽐내지만
무더위가 겉옷을 삼킨다
살색 살갗으로 하나 되라고

극단을 치닫는 색깔에서 벗어나
한마음의 등불 밝히라고
반딧불이 움직인다

김세영

『미네르바』 시 등단(2007), 『포에트리슬램』 평론 등단(2023).
시집 『하늘거미집』 외 4권, 디카시집 『눈과 심장』,
시론시평 산문집 『줌, 인 앤 아웃』.
미네르바 문학상(2016), 한국문협 작가상(2017) 수상.
시전문지 『포에트리 슬램』 편집인.
mokjoin@daum.net

시인의 말

최근에 발표한 우주시 3편을 사화집에 올립니다. 우주시는, "우주에 대한 현대 천체물리학적 사실 인지와 이것을 바탕으로 한 세계 현실의 새로운 인식과 감성으로 쓰여진 시."라고 규정해 봅니다. 입자에 파동의 속성이 내재되어 있듯이, 기氣에 리理가 내재되어 있다고 생각합니다. 더 나아가서 물질의 우주 세계에는 영성의 우주 세계가 내재 되어 있다고 상상해 봅니다.

이 기파가, 이 에너지 파동의 힘이 우주의 섭리라고 흔히 표현하는 것이라고 생각합니다. 이 마음(理)이 우주의 현상에 내재하는 창의적인 원리이며, 우주의 정신 즉 우주의 혼이라고 부를 수 있을 것이라고 생각합니다.

새로운 약속(新約)

여명의 돔 위에 앉아있는
저 이글거리는 잔

겹겹이 쌓인 암흑물질[1]을
홍염으로 태우고
거대한 빛을 뿜어올린다

창세를 열었던 입술,
오래된 약속의 지문이 묻어있는
눈부신 황금 성배聖杯!

저 잔 속에 무엇이 있을까?

백억 년의 암흑에너지 속에서
숙성한 신의 술일까?

저 금단의 술을 훔쳐 마시고
우주알의 껍질을 깨트리고 부화시키는
우주새의 혼이 불꽃으로 솟아 오른다
〈

시공간에 흩뿌려진 별들, 혼불의 파동
팽창하는 별자리들, 이합집산의 문양들

출렁이는 은하의 파도,
쓰나미파[2)]로 몰려오는
우주의 종소리와 박동이
정수리 천문(泉門)의 수상돌기를 흔든다

은하의 원류를 찾아서
헬리오포즈[3)]를 벗어나는 보이저처럼
태양계를 벗어나는 혼령들의 환희

성간을 건너가는 혜성처럼
입자의 틀을 빠져나온 파동처럼
주파수 공명을 찾아서 합류하며
장대한 기파의 강이 흐른다

궁수자리 A˙별[4)]의 중심부를 뚫고
물질 우주의 웜홀[5)]을 지나
화이트홀[6)] 너머로

오로라처럼 솟구쳐 나가서
영성 우주로 건너갈 거야

우주새의 전언(傳言)처럼
새로운 약속의 예언대로
거대한 기파의 공명, 끝없는 성간 울림
영성의 법열로 거듭날 수 있을 거야.

  1) 우주에 존재하는 물질의 대부분은 26.8%를 차지하는 암흑물질이다. 보통의 물질은 4.9% 정도이고, 나머지 68.3%는 아직 정체를 모르는 '암흑에너지'이다.
  2) 성간(interstellar)에서 우주의 이온화 가스물질인 플라즈마가 종이 울리듯 진동하며 생기는 우주파.
  3) 성간을 통해 쏟아져 들어오는 강력한 우주선과 태양풍이 충돌하는 거품 영역의 가장자리에 있는 뜨겁고 두꺼운 플라스마 장벽.
  4) 궁수자리 A*(에이 스타)는 우리 은하의 중심에 위치한 태양의 400만 배의 질량을 가진 초대형 블랙홀.
  5) 블랙홀과 화이트홀을 연결하는 우주 시공간의 구멍. 웜홀을 지나 성간 여행이나 은하 간 여행을 할 때, 짧은 시간에 우주의 한쪽에서 다른 쪽으로 도달할 수 있다.
  6) 블랙홀과 대척 관계. 우주 에너지를 방출하는, 이론적 가상의 특이점.

별빛의 화법

별들은 왜 서로
태어나자마자 도망치듯
아득히 멀어져 가는가?

별들이 달려가며 만드는
수천억 광년, 빛 마디들
은하의 물결로 흐른다

별들을 떠나는 기파들
기약 없이 아득히 멀어져 가는 것은

먼 어둠 너머에서
거부할 수 없는
공명의 불빛 때문이다

사무침으로 보내는
흩어진 혼들의 재회를 위한
SOS 모스 신호이다

간절한 중력파[1]를 따라

별들의 기파들, 화이트홀[2] 너머로
양자도약[3]으로, 물질의 틀을 벗어나
영성우주의 시공으로 건너갈거야

지금, 이 별자리에 머무는
얼마 남지 않은 견습기간
천문(天門)의 가지돌기를 세우고
별들의 신화를 들을 수 있는
영성 화법에 익숙해져야지.

 1) 시공간(space time) 자체의 뒤틀림을 통해 전파되어 가는 중력(gravitational force)의 주기적인 변화. 질량을 가진 물체가 진동하면 주위 진공에서 중력파가 발생한다.
 2) 블랙홀의 대척점에 있다고. 이론적으로 가상되는 강한 빛과 물질을 방출하는 영역.
 3) 영성 파동. 양자역학적으로 시공간을 초월하는 비국소적 양자기억 정보의 전이.

얽힘[1]

내가 보는
내가 느끼는
내가 상상하는
상들이 중첩[2]되어 있다

경극京劇의 변신처럼
상들이 썼다 벗었다
시시각각 변한다

밤하늘,
은하의 나선 고리에 얽혀
상들이 도미노처럼
일어나고 쓰러진다

별자리들,
멀리 떨어져 있어도
그리움의 고리에 꿰여
언제나 함께 깜박이며
설레인다

암흑에너지 기층 너머에서

번져와서 흩날리는
끝없는 기파의 줄기들
수없는 혼령의 꽃잎들

쉼 없이 이어오는
파동의 리듬
상의 이합집산

주파수의 공명을 찾아서
오묘한 화음을 따라서
기파의 선율이 울려 퍼진다

언제 어디서나 함께
율려(律呂[3])로 출렁인다.

---

 1) 한 번 짝을 이룬 두 입자들은 아무리 서로 멀리 떨어져 있다 하더라도, 어느 한 쪽이 변동하면 그에 따라 '즉각' 다른 한 쪽이 반응을 보이는 불가사의한 양자역학의 특성.
 2) 양자중첩은 여러 상태가 확률적으로 하나의 양자에 동시에 존재하며, 측정하기 전까지는 양자 상태를 정확히 알 수 없는 상태.
 3) 율려는 우주의 무궁한 조화가 일어나는 바탕자리 즉 본성이며, 우주만물이 태어나는 생명의 근원이며, 창조정신의 근원이다.

박권수

2010년 계간 『시현실』 등단.
시집 『엉겅퀴마을』(2016)
『적당하다는 말 그만큼의 거리』(2020).
나라정신건강의학과 원장.
pksnara@naver.com

시인의 말

잘 쓰지도 못하고
그렇다고 내려놓지도 못하고
인사동 골목길
서성거리는 날들만 많아졌다

2월의 봄

2월의 햇살에는 이름이 숨어있다
그 속살에 얇은 솜털 끼우며
가지마다 비밀번호 풀며 봄 불러본다

진우방풍 영수뽕 순희자작 민지살구

아무렇게나 불러도
들릴 듯 말 듯 작은 소리에도
스스로 귓불 키우며 달려온다
밀쳐도 달려오는 그 힘으로
틈마다 작은 숨소리 키워
움켜쥔 주먹 위에 물든 햇살

아이들 신발 끈에 매달려
눈 덮인 산 오르고 있다

겨울산

눈 내리지 않은
깊은 겨울산이다
마른 것이 먼저 일어나 몰려다니는
주암사 풍경 아래

잠시 내려놓은 세상 위로 부스럭 소리
밟은 건가
살갗 부비는 건가
조심스레 내려앉은 멍든 낙엽들

여기저기 긁힌 자국 끌어안으며
갈피 못 잡고 스러지는
주름
늙은 바람이었다

인정리 장 씨

치매 할멈이 자다가 나를 깨워

그게 문제지

허름한 담 벽을 타고 내리는 손이 내 가슴을 짚어

밤은 주름져 가는데

나 홀로 달빛 걸러내고 있어

자다 깨서 우는 소리 밤 소쩍새 같아서

아직 밀쳐 두진 못하고 있어

김호준

2014년 『시와사상』 등단.
시집 『너의 심장을 열어보고 싶은』.
대전 참다남병원 정신건강의학과 전문의.
hojoonkim@naver.com

시인의 말

앞으로는 무엇이든 단순하게 해보려 한다.
일상과 주변, 그리고 시공간조차
어떤 것도 내가 원하는 방향대로 가지 않기 때문이다.

그늘의 자리

오늘은 날이 맑군요
잠시 바람 쐬고 오겠습니다

매번 같은 말을 나에게 남기는 그의 숨결 속에 밴
술 냄새가 병실 문을 연다

밤이 깊어질수록 풀리는 혀
나도 더 이상 그의 주치의가 아니다
묵은 그림자 닦아내듯 나를 지워내고
그곳에 담겨진다

바람도 다 같은 바람은 아니지 물에 비친 달을 손에 쥘 순
없겠지만 아침이 되면 내 혀는 다시 조용해질 거야

말끝마다 흩어지는 무늬들
그의 문장을 나는 조용히 지키고 싶었다

이튿날 창가에서 한참을 서성인다
오늘은 유독 날이 흐리군요

기대의 무게

아들이 온다 맛있는 걸 사 온다
그는 기다린다

식탁 위에 놓인 과일과 빵
상한 우유 한 팩
한 입도 베어 물지 않은 채
옆 노인을 불러 과자를 내민다

우리 아들이 사 온 거요
그의 눈은 늘 창문을 향해 있다

울리지 않는 전화벨
오지 않는 편지
그는 기다린다

때때로 손을 들어 공중을 쓸어본다
무엇을 움켜쥐려는 듯 누군가를 어루만지려는 듯
누르고 지우고 다시 누르다

그는 기다린다
맛있는 걸 사 온다 아들이 온다

멈춰 선 순간

또 오셨네요
약은 아직 남았을 텐데요

멋쩍게 웃는다
선생님 얼굴을 보면 편해져요

약 봉투 손에 쥐고 천천히 세어본다
비닐 너머 손끝으로 느껴지는 떨림
하나, 둘, 셋

이건 저에게 제일 좋은 거예요
조심스레 가방에 넣고 진료실을 나선다

조금 천천히 오셔도 괜찮습니다

문 앞에서 잠시 망설이다 한 걸음 다가오는 그
그럼, 언제쯤이면 괜찮을까요?

송명숙

2019년 『시와세계』 등단.
시집 『투명한 진료실』.
아이편한소아청소년과의원 원장.
songsoog@naver.com

시인의 말

꽃비가 내리는 밤
눈매 고운 시인 떠나는 밤
아직 어린 자녀들
선한 눈매 닮은 밤

방울져 내리는 비
콧물로 흐르는 비
소리 없이 내리는 비
자작자작 삼키는 비

4월을 스쳐가네

출근의 무게

자동문이 열린다
눈치 빠른 스마트 폰이 얼른 비켜선다
등고선이 높은 배를 내민 민머리
휘청거리는 출근길이 헛발을 디디고

기차가 출렁거린다 강을 건너고 땅을 뚫고
유리창에 프린트된 롯데 타워를 지운다
강물에 화장을 고치는 빌딩들

한꺼번에 토해내고
또 받아먹는 자동문
헐떡이는 숨소리에
타지 못한 이의 한숨을 녹음한다

물방울과 허공

물방울이 공기를 뚫어 여기저기
구멍을 낸다

구름이 가위질한 사이로
낮달이 얼굴을 내민다

봄이 가속페달을 밟으며 핫핑크의
입술을 찍어낸다

봄비는 허공을 뚫고 몸을 데워
입술을 밀어내고 있다

개울 그림자

개울물에 비친 햇살이 길 속으로 스며든다
튤립에 앉은 나비가 개울가에 핀
자기의 그림자를 재어본다
크기를 재어보는 나비가
녹색 잎 사이로 내려온 햇살이 졸고 있다

그림자를 모르는 나보다 환하다

손경선

2016년 계간 『시와정신』 등단.
2015 제14회 웅진문학상 수상.
시집 『외마디 경전』 『해거름의 세상은 둥글다』
『꽃밭 말씀』 『당신만 몰랐다』.
손경선내과의원 원장.
sksim-10@hanmail.net

시인의 말

한동안의 침묵과
또 한동안의 외로움으로
가득한 날들

몇 송이 시를 피우며
열심히 도망쳤다

향기 드높은 하얀색 꽃은
밤에 핀다
훈향薰香을 품었으면 좋겠다.

'혼자'를 말하다

'공자' '맹자' '순자'와 '혼자'를 나란히
성인의 반열에 두어도 괜찮을까
아니다
맨 앞에 받들어야 할 것 같다
한 사람을 알게 되고
다시 열 사람을 알게 되고 백, 천, 만,
수억의 사람을 알게 되어도
비가 와도 눈이 와도
꽃이 피고 열매가 달려도
음악회에 와서도
사랑에 빠져서도
내가 아는 건 오롯이
'혼자'라는 사실.

수싸움

사람은 죽으면 끝이라는 사실을 알기에
신께 의탁하여 내세를 기원합니다

사람은 죽어도 끝이 아니라는 것을 잘 알기에
신조차 욕보이고
아등바등 매일 앞으로 달음박질칩니다

다투고 또 다투어도 사람은 죽습니다
내성이 생겨 되살아 나지도 않습니다
살아 있을 때 삶은 선명하고
죽을 때 지워질 뿐입니다

무한한 날들이 있을 거라고 믿는
갈수록 익숙해지는 익숙한 일
밋밋한 일상
환장할 죽음을 가르치는 학습의 과정입니다

아직도 가야 할 길
꽃은
피고 지고를 다투지 않습니다.

기도를 훔쳐보다

기도를
소망의 목록들을 훔쳐본다
기도 중에 눈을 뜨고 주위를 보며

가슴으로 외는 목소리
간절함의 이력들
얼굴에 깃든 깊은 그늘과 어둠
기도를 드리면 드릴수록 점점 잦아들지만
지상에서 하늘까지 굽이치는
소리 죽인 황소 울음

바람이 없는데도 온몸이 흔들리고
비가 없는데도 얼굴에 꽃으로 피어나는 빗물
잃어버린 것 없어도
두 손을 꽉 잡고 바닥으로 몸을 낮춘다

사람의 얼굴에서
기도의 조각들을 자꾸 떼어내다 보면
바윗덩어리만 남을 것이다.

조광현

2006년 『미네르바』 시 등단, 『에세이스트』 수필 등단.
시집 『때론 너무 낯설다』,
수필집 『제1 수술실』 『그는 왜 오지 않는가?』.
인제의대 명예교수(심장혈관흉부외과).
온천사랑의요양병원 병원장.
dr-khcho@hanmail.net

시인의 말

30여 년 대학병원에 근무하며 응급실, 수술실, 중환자실을 누비며 중환자 진료에 매진하며 때론 번아웃되곤 했는데, 정년퇴직하고 요양병원에 근무한 지가 벌써 10년이다.

병원이란 명칭은 같지만, 대학병원에선 환자를 살리기 위해서 급박하고 초조했다면, 이곳은 편안하게 보살피려 우선 마음부터 가라앉혀야 한다.

요양병원의 치매 병동은 알츠하이머의 숲이다. 요양병원에 치매 환자만 있는 것이 아니다. 뇌졸중 후유증으로 사지가 마비된 사람, 말기 암 환자, 인공호흡기를 달고 있는 사람도 있다. 나름의 규칙대로 환자를 돌보고 묵묵히 일하는 직원들의 자세는 한 곳을 지키는 나무의 자세다. 한결같이 그늘을 제공하는 키 큰 나무와 같은 사람들이다.

나무의 이야기

온천천 시민 공원에 굴피나무 한 그루
큰물 건너와 제 자리에 홀로 선 나무
넘어질 듯, 부러질 듯하여도
고개 젖혀 자꾸 하늘 올려다보더니
어느새 10미터 높은 키 창공을 찌른다

하고많은 날 누군가는 스쳐 지나가고
누군가는 내 그늘에 잠깐 머물다 가지만
한 번 간 그 사람은 다시 오기 어려워

봄, 여름, 가을, 겨울을 지나
기왕에 좋은 시절은 가고 또 오는 것
시냇물 범람하여 아랫도리 다 잠겨도
아래로, 아래로 뿌리내리는 나무의 자세

때로 눈에 부신 햇살에 팔을 펼치고
하늘과 맞닿은 이마에 주름진 상념들
세상에서 숨 쉬는 나무의 이름 하나
나의 존재 이유를 나에게 묻는다
〈

더러 눈물 같은 빗방울이 떨어져도
속으로, 속으로 여물어 가며
그저 묵묵히 기다리는 법이다

생각하면 오늘 하루도
내 그늘에 쉬어가는 그 사람으로 하여
더없이 위로받는 나무의 이야기.

알츠하이머 숲

무릎 다친 말이 뒤뚱거리며 걷는다
곳곳에 가슴 아픈 새들의 잔기침 소리
돌연 눈앞이 깜깜하여 휘청하는 사이
듬쑥 손을 잡는 알츠하이머 씨
넘어지지 말라며 자세를 잡아 준다

창문 높은 방, 낮은 침대 위에
아침 햇살이 잠깐 기웃거리다 가면
옅은 혹은 짙은, 혹은 더 짙은 어둠이
각기 제 몫으로 일렁이고 있다

방금 다녀온 물리치료실, 또 가자고 보채며
나는 멀쩡하다, 멀쩡하다 칭얼거리는 사람
한때 별을 두 개나 달고 다녔다는 자부심으로
실상 이 모든 것을 허망한 꿈이라 여긴다

장군의 먼지 자욱한 기억의 창고
일흔다섯 살 해마(海馬)의 녹슨 자물쇠를 열어보자
어쩌다 덜거덕 자물쇠 열리면, 보리라
한 세기를 누비던 사람의

장엄한 서사가 잠자고 있음을
한 권 두툼한 역사의 현장을.

* 해마(海馬) : 뇌의 일부분. 기억과 학습을 관장함.

가서 도우리라

가을비 흩뿌리고 바람 매우 부는 날
낮은 침대 가장자리에 모로 누워 생각한다
얼마나 세월이 흘렀는지 몰라
추수 밭 메뚜기 떼는 다 어디로 가고
무엇이 지금껏 살아 숨을 쉬는가

오일장 곡물 거리 휘젓던 그녀
참으로 당당했는데
오늘 아무 부끄러움 없이
사타구니 자꾸 긁어도 가려울 뿐이다

아무리 세월이 무상하다 하기로
소중히 지녀왔던 그 모든 것들을
누가, 왜, 어디에 숨겨버리나

베갯잇 적시는 눈물이 마르고
오랫동안 갈갈대던 목청마저 잦아들면
더 이상 무엇으로 버틸 수 있을까

관리자는 생각한다

나는 가리라, 알츠하이머 숲으로
살다 보면 오늘은 곧 내일이다
가서 도우리라, 나를 도우리라

정의홍

1956년 강원도 강릉 출생. 서울의대 졸업.
2011년 『시와시학』 등단.
한국시인협회 회원.
시집으로 『천국아파트』 『북한산 바위』 『꽃씨를 심으며』 등.
2014년 고향인 강릉 귀향. 안과 개원의.
euihong131@hotmail.com

시인의 말

벚나무 아래 누워 밤하늘을 본다. 세상에서 잠시 슬픔이 사라진다. 꽃망울 터질 때까지의 설레임. 가슴이 뜨겁게 부풀던 순간들. 세상에 꽃 피워내는 일은 무한한 기쁨의 샘이다

꽃잎 흩날린다. 세상은 슬픔으로 채워진다. 세상 모든 꽃들은 눈송이처럼 진다, 설렘과 부푼 가슴 하마 꺼지기도 전 꽃은 시들고 벌들은 숨는다. 세상에 꽃 피워내는 일은 끝 모를 슬픔의 심연이다.

시를 쓰는 것은 끝 모를 슬픔을 스스로 달래기 위함일 것이다.

남도 기행 3

서울은 희뿌연 미세먼지에 갇혔는데
전라선 여수행에 몸을 실으면
남도 고흥 팔영산에 벚꽃이 피는구나
숨넘어갈 듯 여덟 봉우리, 적취봉까지 넘으면
저 멀리 바닷속 섬 섬 섬
녹산등대 바위 아래엔 은갈치가 춤을 추고
유채화밭 사진 속엔 꽃향기가 담기는데
섬 사이로 밀려온 파도 소리가
수백 년이 넘도록 동백숲을 이루어
수월산 발끝까지 뒤덮었구나
나른해진 봄날의 오후가
섬 위로 길게 몸을 눕히고
신선바위 지나 불탄봉 가는 길
흩어져 밟히는 붉은 동백꽃은
누구의 얼굴을 닮은 것인가
나 홀로 휘적휘적 산길을 가고
여럿이 지척지척 섬길을 돌아
이 봄날 마침내 당도한 곳은
마음속에 지은 작은 절 한 채
고요와 평안이 잠시 머문 그곳에
이제 막 연둣빛 봄이 돋는다

대관령 숲길에서

길이 있었네
평화로운 목장을 돌아
향기로운 소나무 숲을 거쳐
길은 구름 위로 올라서네˙
수천 개 대관령 갈래 길을
양과 고라니와 멧돼지가 가고
한 사람이 그 길을 가네
울울창창 숲속 깊은 곳으로
태양이 숨고 별들이 지면
천팔백 년을 살아 견디어 낸 늙은 주목˙˙의 시간 위로
또 하루의 세월이 내려 쌓이고
숲의 정령들이 그 곁에서 잠이 드네
그곳에 길이 있었네
샘터를 지나 성황당을 넘어
능경봉 안반데기 제왕산 꼭대기에서
수천 개 갈래 들은 대관령 길 하나로 이어져
양과 고라니와 멧돼지가
그 길에서 새끼에게 젖을 물리고
한 사람이 가던 길이 시간 속으로 사라지네
널 푸른 들판은 감자와 배추를 키우고

저 멀리 뻗어나간 싱싱한 옥수수밭
구름은 그 위에서 걸음을 멈추고
우리들은 숲에서 잠시 생각에 잠기는데
벌판 위를 달려가는 저 거친 바람은
어디를 저리 서둘러 가는 것일까

* 대관령에는 평화로운 목장길, 향기로운 소나무길, 아름다운 구름길 등의 길과 치유의 숲, 국민의 숲, 천년 주목 숲이 있다.

** 천년 주목 숲에는 천팔백 년 수령의 거대한 주목이 살고 있다.

야간비행

이곳은 어디쯤일까
밤하늘을 비행하며
암흑의 천지를 건너는데
크리스마스트리를 점등한 듯
저 아래 까마득한 지상에
무수한 반딧불 같은 빛
서로의 체온으로 불을 켜는
마을, 사람 사는 마을이다
저 외롭고 가난한 골짜기까지
언제부터 사람들은 흘러와
따스한 불들을 밝혔을까
우리가 밤하늘의 별에게
푸른 소망을 기원하듯
캄캄한 우주 속의 별들도
'안녕' 하고 말을 건넬
아름다운 지구별에서 흔드는
사랑의 손짓을 만나려고
밤마다 그 자리에 나와
아득히 먼 세상을 내려다보며
새벽이 올 때까지 기다리며
하얗게 밤을 새우는 것이다

김기범

2017년 『호서문학』 등단.
테크노성모외과 원장.
kgbsmh1004@hanmail.net

시인의 말

완연한 봄입니다.
이제껏 그래왔듯 진료실에서 맞는 계절은 같은 색이었던 때가 없었던 것 같습니다. 아마도, 제가 변하고 있던 것이겠지요.
항상 공허한 것이 채워지기엔 턱없이 부족하기만 하고 작은 밀알이나마 자라나기를 바라면서 누가 되지 않기를 바랄 뿐입니다. 알에서 깨어나 푸른 하늘을 맘껏 날 때를 가만히 소망해봅니다.

타임리스

바람 불고 해 저무는 날
무명의 흰 가운이 병원을 나서던 하늘 위로
낯선 기억이 저 홀로 떠다닌다

히포크라테스 선서로 모든 것이 용서되던
기억이 뼈에 새겨져 있는 곳으로
나이테 홀로 버티다가
이제는 지워져 희미해진 회진 속으로

너의 시간이 내 위에 겹쳐져
내 살이 네 안에 자라고 있었구나

되돌릴 수 없고, 알아도 피할 수 없는 거라서
그렇게 세류에 떠내려온 거였다

눈먼 파도에 황량한 바다를 헤매다
그곳에 나의 시간으로 하루가 채워지고
너 또한 빈 곳을 채우고 있구나

세월을 견뎌온 땅 위의 그 누구가

나이테의 침묵을 비웃을 수 있겠는가

뜻 모를 바람이 하늘을 가로질러 땅끝에 걸리고
어린 새의 지저귐이 가슴을 파고든다

전시회

철창에 갇힌 네 얼굴
표정을 알 수 없어 그림자는 서럽다

어둠으로 뒤덮인 우울의 아득한 그늘

채우지 못한 이의 가슴은 얼룩만 가득하고
여백은 공허하다

네 안에 웅크린 채
어둠을 아무리 들여다봐도
욕망 외에 또 무엇이 보이느냐
화려한 네 모습에 어둠이 웃는다
네 안의 우울함을 생각하면서
어둠이 울고 있다
네가 가지지 못한 것을 질시하는 타인은
네 안에서 울고 웃고 한다

아름다움은 실재하지 않고
슬픔은 시멘트에 굳어 버린 지 오래인데
욕망은 끝 간 데 없어

〈
새장에 갇힌 앵무새의 무뎌진 부리로
깃을 세울 순 없다

사월의 신부

출근길
북대전 톨게이트를 돌아나가다 보면
우연이라도, 말없이 고갯짓하는 당신의 그녀를 마주칠 겁니다

아침이면 수많은 차량들이 출근을 하죠
피곤에 찌들어 있거나
화가 잔뜩 나 있거나
환하게 웃고 있거나
표정 없는 사람들
그들에게 말없이 손을 흔들어 줍니다
환한 미소로 웃어주죠
때론 말을 하지 않아도 진심이 느껴질 때가 있잖아요
당신의 어둠 속 숨겨 논 옹이가 무엇인지
구태의연한 말들은 필요 없죠
과거는 썰물에 실어 보내고
사월의 햇살을 가슴에 품어보라고
당신에게 하얀 부케를 손에 들고 다가갑니다

내 뜻으로 시간을 거스를 수 없어
그날이어도 좋고

오늘이어도 좋아요
지금 이 순간이 생의 가장 찬란한 한때

햇살은 나를 당신에게 인도하고
바람이 마음을 한없이 흔들어
아름다움이 내 안에서 울어나
환하게 미소 짓게 하죠

사월이면
하얀 드레스에 부케를 손에 든 신부가 당신을 찾아올 겁니다
햇살을 움켜쥐고서
마치, 영원처럼

서 화

본명 서종호, 서울 출생
2015년 『신문예』 시 등단.
한국의사시인회 회장.
부천시민의원 진료원장.
ratsgo7@hanmail.net

시인의 말

저녁이 스며들던 바닷가
짙은 황톳길 옆에
내 마음의 둘레길 만들어
해마 속, 제악諸惡의 기억과 함께
물길처럼
산길처럼 걷고싶다

그 길이
파초芭蕉의 길,
끝없는
구원救援의 길이 되었으면

달빛 속 사이프러스[*]

생클루의 밤이 오면
고독한 달빛이
지친 창틈에 스며들고
나는 벽지에 눌어붙은
그림자가 된다

난롯가에 가슴 틀어
내 눈이 불에 탈 때까지
타는 불꽃을
하염없이 바라본다

그림자에 형상을 담고
붉은 신경이 색을 감고 흐르면
맨살에는 움직임이 선명하다

창문의 유리는
색채가 질식하고 전율하는
뜨거운 캔버스가 되고
물감은 파편 같은 달빛의
이야기가 된다

〈
나는 생클루의 밤에
센강에 부딪혀 튀어 오른
달빛 속, 푸른
사이프러스를 응시한다

창문에 들끓는
빛의 침묵이 감렬하다

* 생클루에서 그린 뭉크의 작품. 뭉크는 생클루 선언을 통해 "나는 더 이상 뜨개질하는 여자, 책을 읽는 남자를 그리지 않겠다. 대신 숨 쉬고 느끼고 고통받고 사랑하는 인간의 살아있는 감정을 그리겠다."라고 발표했다.

다시 피어나는 것들을 위하여

봄이면 다시 살아오는 것들을 위해 아무도 모르게 아픔을 추스립니다 등뼈가 뒤틀려 아세클로페낙*을 가슴으로 삼키며 나를 위로합니다 굳은 날개가 숨을 조여 오지만 저녁엔 노을을 두 눈에 담고 기울어진 어깨에 그리움 얹습니다 물가에 사는 벌레들의 슬픈 울음이 익어 삭는 소리가 납니다 꽃들은 몸을 흔들어 바람을 말하고 바람을 담다 보면 옷깃에서 그리움이 뚝뚝 떨어지네요 봄이면 다시 피어나는 것들을 위해 아무도 몰래 마음을 다독입니다 삶의 비탈길에서 그 이름 부르며 끝없이 작은 몸으로 잡초를 쳐내렸어요

다시 돌아오는 것들 틈에서 당신이 떠난 자리는 봄처럼 피어납니다

* 아세클로페낙 : 강직척추염 등에 사용하는 강력 진통소염제.

원미산에 바람 불어오면

파란 하늘 아래
멧비둘기 스쳐간다

하얀 능선은
기억 저편, 님의 이마처럼
낮고 완만했다

연보라 진달래꽃은
양귀자 소설 '한계령'에서도
키스처럼 묘사되고
또한 축제처럼 화려하다

공원의 벤치 위에
마른 플라타너스 잎도
내 눈 속에서 바스락거리며
꿈을 깨우고 있다

산비탈에는
소리 없는 기도처럼
나의 날숨이 녹아있고

환상幻想과 정적靜寂이 존재하며

마파람 불어오면
어쩌면,
그 님 사랑도 있을 것이다

주영만

1991년 『문학사상』 등단.
시집 『노랑나비, 베란다 창틀에 앉다』
『물토란이 자라는 동안』
『그리고 아무 일도 아니다』 등.
ymjhoo@naver.com

시인의 말

아득하다 삐뚤빼뚤 지나온 길도 아득하다 이 봄은 그 나른함도 그 봄볕의 게으름도 아직 자리도 못 잡은 것 같은데 덧없이 그냥 스쳐 지나가 버리는 봄바람처럼, 그 아찔처럼 아득하다

아득하다, 나도 그 아득처럼 아무런 흔적 없이 지워지면서 지워지면서 아득했으면,

흔들린다

담장 아래에는 개망초가 여럿이 서 있다

춤추는 것처럼

바람에 두어 번 흔들린다

한여름의 외로운 시간도 그 곁으로 다가와 가만히 쪼그리고 앉았다

너는 중심, 나는 아직도 너의 주위를 떠도는 오직 하나의 영원永遠,

바람에 두어 번 다시 흔들린다

흔들린다

담장 아래의 여럿이 서 있는 개망초처럼 함부로처럼 흔들린다

그리움

물토란이 자라는 바닥이 넓은 옹기 물 화분의 흙물이 가라앉는 동안,

그리움이여,

그는 오후 3시와 4시 사이의 한바탕 어지러운 흔들림이 그렁그렁 눈물을 삼키며 주저앉는 것을 보고 있다

종소리 2

가다 말다
가다 말다

뒤돌아보다
뒤돌아보다

둥근 하늘 열리고 닫히고 다시 열리고
둥근 하늘 열리고 닫히고 다시 열리고

심우尋牛처럼
심우尋牛처럼

너의 모습,

그 하늘 끝까지
그 하늘 끝까지

김승기

경기 화성 출생.
1996년 『오늘의문학』 등단.
시집 『어떤 우울감의 정체』
『세상은 내게 꼭 한 모금씩 모자란다』
『역驛』『여자는 존재하지 않는다』.
산문집 『어른들의 사춘기』『우울하면 좀 어때』.
영주 김 신경정신과의원 원장.
kimsnpc@daum.net

시인의 말

AI 그록에게(Grok3):
이 세 편을 가지고, 작가의 시세계를 15줄 이내로 평해주세요.

Grok의 답변:
작가는 일상의 소소한 순간과 깊은 내면의 성찰을 섬세하게 엮어낸다. 「혼술」은 술잔에 비춘 고독과 자아의 충만함, 허전함을 담아 삶의 양면성을 탐구한다. 「동백처럼」은 동백꽃의 강렬한 생명력과 절제된 퇴장을 통해 삶의 타이밍과 아름다움을 노래한다. 「색즉시공」은 동물의 죽음과 버려진 집을 통해 존재의 무상함과 執着의 허무를 조명한다. 시인은 간결하면서도 함축적인 언어로 순간의 감각과 철학적 통찰을 융합, 현대인의 고독과 삶의 본질을 예리하게 포착한다. 그의 시세계는 일상적 이미지 속에서 깊은 여운을 남기며 삶의 덧없음과 아름다움을 동시에 그려낸다.

혼술

한잔 마시며 넘치는 나를 덜어내고
한잔 마시며 모자란 나를 보태고

세상은 가득 채워진 술잔만 같아라

소주보다 더 맛있는 것은 무심히 창밖을 바라보기

이 생각 저 생각에 날은 어두워졌고
언제나 마지막 잔은 아쉽더라

지친 하루를 겨우 일으켜
집으로 데리고 온다

동백처럼

나도 딱
조 때 즈음 가자

가지마다 만조滿潮
그 붉음
똑 꺾어서

그래도 이내
돌아봐지면

까짓것,
향일암 맨 계단 위
아직은
온몸으로
피었다가

거기서도 딱
조 때 즈음 가자

색즉시공

막무가내 개 한 마리 아스팔트 위에 누워있다
조금 더 가니, 이번엔 검은 고양이가 붉은 속엣것을 아무렇게나 쏟아놓고 와선에 들었다

악착같이 붙들고 있던 육신을 내려놓고,
이제 아픔 원망이란 단어들은 저들의 모국어가 아니다

바퀴가 지나가는지, 나무아미타불
언제까지 지나가는지, 나무아미타불

무단점거 주인이 떠난
집執 두 채

윤태원

1966년 목포 출생.
2016년 『열린시학』 등단.
가톨릭의과대학 졸업.
목포 태원정신건강의학과의원 원장.
taewonnp@naver.com

시인의 말

이 길을 따라 화요일과 금요일에 아버지는 신장 투석을 받으러 갑니다. 혼자 가야만 하는 길입니다. 나도 나의 아들도 언젠가는 외롭게 감내해야 할 길입니다. 초라한 뒷모습 따위는 신경 쓰지 않아도 되는 길. 피가 말끔하게 순환되는 길 위의 길입니다. 꽃들이 흩날려 축제를 이룹니다. 나뭇가지 사이사이 하늘이 웃고 있습니다. 태어나고 춤추고 사라지는 여정에 여러분을 만나서 반갑습니다.

이상하지 않은 정신과 의원

 수많은 희귀식물이 자라고 있는 식물원이 있다 입구에서 출구까지 구불구불 황톳길을 걸어 환자가 내게로 온다 출구는 정신과 의원으로 이어져 있다 로비에 앉아 발레 영상을 보기도 하고 다시 식물원으로 가서 눈에 띄는 식물 앞에 앉아 있기도 한다 환자를 부르는 간호사의 음성이 스피커를 통해 로비와 식물원에 퍼진다 진료 시 환자가 침묵하면 나는 식물원을 걸으며 무슨 생각을 했는지 환자에게 물어본다

 진료가 끝나면 의원의 다른 통로로 환자가 나간다 그 통로는 갤러리로 이어져 있다 환자는 전시된 그림과 조각 작품을 보면서 자신의 문제를 투사시킨다 갤러리는 카페로 이어져 있다 카페의 유일한 메뉴인 몽차를 마시면 최근 1시간 동안의 기억이 사라진다 카페는 환자가 진료 전에 들어갔던 식물원 안으로 이어져 있다 환자는 다시 의원으로 들어간다 진료 시 나와 나눈 대화를 잊고 새로운 대화를 시작한다

자은도

천사대교 건너
바다가 보이는 소나무 숲에
울타리도 칸막이도 없는 목조 가옥을 짓자

피부색 옷과 신발로 알몸을 연출하자
아득한 해안선을 따라 혼자 걷는 한 남자
팔과 다리가 곡선을 긋는다

거친 호흡, 달리는 심장, 불거진 혈관
끊어질 듯 이어지고
엉켰다가 풀리기를 반복하는
파도 위에 올라서고 무너지는
나의 혼돈,
나의 에스프리

1004개의 섬을 건너 여기
왜 혼자 서 있는가
어떤 춤을 추고 싶은가
같이 2인무를 추고 싶은
푸른 지느러미 여인은 어디 있는가

〈
발바닥의 각질과 마루의 마찰음
월훈月暈을 감싸안고 벌레 울음 터지는 밤
술잔 속 달이 기운다

원맨쇼

　동굴 입구를 지푸라기 뭉치 같은 게 지나간다 작은 인연의 흔적일까 지나간 계절의 뒷수습일까 시간이 너무 많이 흘렀다 비가 눈이 되고 바람이 되고 꽃잎이 되고 그러는 동안 쾌락에 빠져들어 갔다 물고 물리는 저주받은 생각을 상쇄하기 위해 예기치 않게 발 앞에 놓이는 돌덩이를 피하기 위해 여기서도 보아야만 할 건 다 보인다 저 환한 동그라미가 커지기도 하고 작아지기도 하고 쉽게 변하지는 않지만 자세히 보면 매일 채도와 강도가 다르다 구멍을 보는 마음도 달라진다 이제 그만 접어야지 하면 욕망을 짊어진 망토 하나가 흘러간다 지하수가 몸에 붙어 있는 굳은 표피 녹이기를 기다린다 결국 피가 나고 투명한 내부가 드러날 때까지 벽에 이야기를 그리자 골목을 뛰어가는 포도 넝쿨, 처마 밑 새집에서 쉬고 있는 달, 이사하는 날 비어 있는 찬장의 추억 조각, 졸업식 사각모의 기괴한 울음, 기관총에서 튀어나오는 탄피처럼 분산된 장면들을 억지로 잇기 위해 끌로 문장을 새긴다 둔탁한 소리는 울려퍼져 깊은 핵으로 내려갔다가 명징한 소리로 되돌아온다 대부분 잠겨 있는 의식을 흔들어 분출시킨다 처음 보는 짐승들의 머리가 불규칙하게 올라왔다 내려간다 날름대는 혀에 묻은 침이 희미한 빛에 반사되어 번들거린다 보지 않아도 될 벽의 미세한 틈이 보인다 끼어 있는 밀 껍질인지 해삼 창

자인지를 손톱으로 파서 먹는다 폭식에 기댄 지난 삶에 비하면 훨씬 고귀하다 소유하고 있는 건 이름을 붙인 종유석뿐이다 아이들처럼 자라는 모습에 뿌듯하다 비수로 가슴에 꽂힐 때까지의 시간은 많이 남아 있다 새겨야 할 벽은 광활하다 천년 후 발견하여 해독할 어느 인류학자의 섬세한 눈을 상상한다 잠이 들면 무대가 녹아내려 해체된 기억의 진주를 드러내겠지 졸음을 버티며 더 갈겨야 할 낱말들이 입 밖으로 기어나와 가슴을 덮는다 어쩌다가 나는 이 공간에 기한없이 유배되어 까악대는 것인가 바위 틈새의 굴절된 빛과 함께 다가오는 저 흰 옷자락은 무엇인가 드디어 나를 살결박하려는 것인가 열린 세계로 데려가려는 것인가 순박한 아도니스 행세를 하며 빌어본다 오! 나의 모호한 천사여!

김연종

2004년 『문학과경계』 등단.
시집 『극락강역』 『히스테리증 히포크라테스』
『청진기 가라사대』.
산문집 『닥터 K를 위한 변주』 『돌팔이의사의 생존법』.
김연종내과 원장
medirac@hanmail.net

시인의 말

시는 태어나지 않았고 시인도 사라질 것이다.
볼수록 기시감이 드는 내 시도 곧 사라질 것이다.

호스피탈로피테쿠스

 한곳에 오래 머무르다 보니 단골들이 자꾸 떠나간다 돈 벌어 떠나고 나이 들어 떠나고 이러다가 이곳마저 문 닫는 게 아니냐며 아직 못 떠난 단골들이 앞날을 걱정한다 꼬맹이 때 떠났다가 꼬맹이 손을 잡고 온 젊은 엄마가 여기는 어릴 적 추억이 남아 있는 곳이니 제발 떠나지 말라고 애원하며 떠난다 그녀가 떠난 빈자리가 동굴처럼 적막하다 동굴 속 사내는 낡은 청진기처럼 더듬거린다 손놀림이 더디고 심술주머니가 도드라진다 정수리가 휑하고 새치가 반짝거린다 검은 머리 원숭이가 직립의 길을 떠난다 다크서클이 두려워 땅만 보고 걷는다 검은 모자를 쓰고 진한 선글라스를 낀다 눈썹문신을 하고 갈색 염색을 한다 진화를 거듭한 유인원이 새 단장을 마쳤다 낡은 몸은 수선을 마쳤지만 한번 굽은 등은 곧게 펴지지 않는다

오이디푸스나무 그늘 아래서 설핏 잠들었다

빛나는 별이 되고 싶니?
번쩍 든 손이 칼처럼 날카로웠다 악몽에 시달리다가 두 눈을 번쩍 떴다 수많은 꿈들이 별처럼 떴다 사라지기를 반복했다 별자리의 운명에 대해선 묻지 않았다

새처럼 하늘을 날고 싶니?
날고 싶을 때마다 커서를 눌렀다 손목이 꺾인 채 그냥 사라지기도 했다 엎질러진 구름에 핏빛 꿈들이 모여들었다 잠이 들면 꿈들은 자동 저장된다

깃털처럼 외로운 곳이 너의 집이니?
어디로 가든 별이 사라지는 골목길은 싫다 은하수 네거리에서 노을처럼 고요히 잠을 청한다 부러진 날개로 비상을 꿈꾼다 뜬구름 같은 꿈길이 펼쳐진다

꿈의 비번을 알려주겠니?
흐릿한 기억으로 안티고네의 퍼즐을 맞춘다 거세된 욕망은

아무 소리도 내지 않는다 빛바랜 커튼 사이로 나직한 어둠이 밀려온다 깊은 꿈인지도 모르겠다

비만을 연구하는 비만 의사

바비인형은 변덕이 심해요

잠깐!
고백하려는데 벌써 작별이라 여겨요
이별은 짧고 불면은 길어요

잘자!
나약한 복수인지 난폭한 용서인지 알 수 없어요

어젯밤 돼지꿈을 꾸었어요
오늘은 바베큐파티를 벌일 거예요

의사)
50대 후반 남자, 키 171cm 체중 94kg BMI 32 중등 비만
비만 학회 종신회원이며 현재 비만 클리닉을 운영하고 있음

환자)
37세 미혼 여성, 키 156cm 체중 71kg BMI 29 경도 비만
잦은 연애와 실연으로 요요현상 겪음 최근 급격한 체중 증가로 파혼 가능성에 시달림

상담 내용

1) 스트레스가 심한 결혼을 포기하도록 종용한다
2) 체중 증가를 우려해 흡연을 지속하도록 설득한다
3) 향정신성 다이어트약을 꾸준히 처방한다
4) 약물 치료를 포기하고 위 밴드 수술을 권한다

비만 클리닉 상담 중 이 환자에게 적절한 비만 처방의 조합은?
1) 1, 2, 3
2) 3
3) 2, 4
4) all of above
5) none of above

김 완(金完)

2009년 『시와시학』 등단.
시집 『지상의 말들』 『바닷속에는 별들이 산다』
『너덜겅 편지』 등.
2018년 제4회 송수권 시문학상 남도 시인상 수상,
김완혈심내과 대표 원장.
kvhwkim@naver.com

시인의 말

적막한 무등산 겨울 숲에서 혼자 듣는 고목을 쪼는 딱따구리 소리는 특별했습니다. 존재의 비의를 깨우치는 목탁 소리 같기도 하고 세계의 모든 고통과 억압에 눈 감지 말라는 경고음 같기도 합니다. 새가 지저귀지 않는 숲은 생태 위기의 도래를 초래합니다. 새가 침묵하면 다음엔 인간이 침묵합니다. 시끄러운 말과 침묵 사이의 행간을 더듬으며 오늘도 쉽게 오지 않는 문장을 기다립니다.

무등산 나무 의사

나는 무등산에 사는 쪼그만 건축가이자 나무 의사예요
나는 체구는 작아도 나무를 쪼아 해로운 벌레를 잡아요
'통통통' 나무를 망치질해 구멍을 뚫고 집을 지어요
떨어진 나뭇조각은 흙의 양분이 되고 숲을 우거지게 해요
아시죠 그러면 광합성량이 늘고 온실가스가 줄어들어요
내 집이 있는 나무는 태풍이 오면 쉽게 쓰러져요
그렇게 자연스레 숲의 순환을 도와요 사람만이 아니에요
아주 오래전부터 나는 바람, 비, 눈과 더불어 숲을 가꿔요
내 집은 돈 한 푼 받지 않고 다른 동물들에게도 대여해 줘요
하늘다람쥐, 소쩍새, 솔부엉이, 호반새가 차례로 깃들어요
난개발로 숲에서 힘들게 사는 생명들의 삶에 힘을 북돋아요
나는 건축가이자 나무 의사 숲의 사회복지사라고 불려요
무등산에 오시거든 가만히 눈 감고 숲의 소리에 귀 기울여 봐요
'통통통' 어디선가 나무를 망치질하는 내 소리가 들릴 거예요
모자의 깃털 장식*에 나와 내 친구들을 사용하지 말아주세요

---

* 19세기 마지막 30년 동안 수억 마리의 새가 살해됐다. 새들의 멸종은 유럽과 미국 사교계에서 중산층까지 번진 '깃털 열풍'이 초래했다.

어머니와 대구탕

　토요일 오전 한참 진료 중인데 홀로 사는 아흔세 살 어머니가 전화를 하셨다 별일 없으면 집에 와 점심 한 끼 하라 하신다 소한 지났으나 한겨울인데 혼자 불편한 몸 이끌고 버스 타고 수산물을 사러 남광주 시장까지 가셨나 보다 돌아올 때는 택시를 탔는데 6,700원 나왔단다 손 시린 겨울, 남광주 시장 대구 한 마리에 3만 원, 단골집에서 낙지 한 마리 만 2천 원, 굴 무침 하려고 생굴 좀 샀다 하신다 막내아들 점심 한 끼 해 먹이려고 싱싱한 대구탕 끓이고 생굴 무침 낙지 불고기 잘 익은 김치에 한 상 차려주신다 아! 시간은 커다란 날개를 달고 빠르게 흘러가는데, 내 무의식 속 기억의 상류에는 아직도 밤늦도록 돌아오지 않는 자식들 문밖에 나와 기다리는 그때 그 마음인 것이다 아무도 바람을 새장 속에 가두지 못하는 것처럼 아무도 어머니의 사랑을 당할 수 없다*

* 아즈볼 카셈 피르다우시 지음 샤나메 299p에서 변용.

책 읽는 사람은 아름답다

시간과 역사를 품고 있는 책을 읽어요
당신은 책을 읽나요 책은 무엇인가요

균형 있는 사유를 하자는 것이지요
상대의 생각을 관용하자는 것입니다

지성은 자신을 겸손하게 합니다
무지는 우리를 교만하게 합니다

세상과 인간은 결국 한 권의 책, 세상은
아름다운 한 권의 책에 이르기 위한 설명*

사유하지 않으면 악인이 될 수 있습니다
청년 시절 비난하던 악에 편입되고 말아요

독서는 무지에의 자각과 확증편향의
집착으로부터 우리를 자유롭게 합니다
〈

책 읽는 사람들은 누구보다 아름답습니다

책을 읽으니 너와 나 우리는 이미 친구입니다

* 말라르메 : 책을 가리켜 "대지의 오르페우스적인 설명"이자 "인간에 대한 설명"이라고 표현했다.

서홍관

전북 완주 출생.
서울의대 졸업. 가정의학전문의.
『창작과비평』을 통해 시인으로 등단.
국립암센터 원장 역임.
시집으로『어여쁜 꽃씨 하나』『지금은 깊은 밤인가』
『어머니 알통』『우산이 없어도 좋았다』등.
hongwan@ncc.re.kr

시인의 말

42년 동안 의사로 살면서 단 하루도 경력이 빈 적이 없었다. 정년이 되어 다니던 직장을 퇴직한 뒤 처음으로 6개월째 직장 없이 지내고 있다.

매일 산책을 하고, 여행을 하고, 책을 읽고, 친구들을 만난다.

남은 생애 나는 무엇을 하고 살까? 나는 왜 사는 것일까? 해야 하는 일과, 할 수 있는 일과, 하고 싶은 일 사이에서 오늘도 생각은 뭉게구름같이 피어난다.

아일랜드 격언

영국에게 8백 년 지배를 받다가
나라도 잃어버리고 자기 나라말도 잃어버린
아일랜드 격언에는

믿을 수 없는 것 세 가지는
황소의 뿔,
말발굽,
영국인의 미소.

오늘 우리가 못 믿는 것은
개발되면 열 배 뛴다는 떴다방 부동산 전화와
암도 안 걸리고, 치매도 예방된다는 건강식품 광고와
국민만 위해 뛰겠다는 정치인의 말.

3년만 더 살게 해줘요

병실에 입원 중이던 그녀가 말했다.
3년만 더 살게 해달라고.

유학 중인 딸이 박사학위를 받는데 3년이 필요하고,
약학전문대학원 다니는 아들이 졸업하는데 3년이 필요하다고.

난소암 말기 판정을 받은
강단 있는 언론학과 교수였다.

공정성을 훼손하는 언론사 사장들은 물러나라고 칼럼을 마구 써댔다.
MBC 구성원 95.4%가 사퇴를 원하는 사장 김장겸은 물러나라.
KBS 구성원 88%가 사퇴를 원하는 사장 고대영은 물러나라.

내가 찍은 연꽃 사진을 보고
"아 이런 사진을 찍으러 다니면 좋을 텐데
살아야 할 이유를 하나 더 발견했네요."
그녀의 마지막 메시지였다.

국립암센터 소망 트리

크리스마스를 맞아 소망 트리를 만들어
소원을 써서 매달도록 했다.

나의 영원한 동반자
더 이상 아프지 말고 건강하게 살기를 기원합니다.
사랑해요.

유동균!
엄마 아빠가 사랑해, 일어나자.

우리 사랑하는 엄마
절대 재발하지 말고 완쾌되게 해주세요.

사랑하는 강서후
완치해서 건강한 개구쟁이가 되게 해주세요.

오빠 힘내서 꼭 이겨내자.
완치를 목표로 힘내!!!

늦게 찾아온 아이가

마스크 쓴 자기 얼굴을 그리더니 공들여 쓴다.
"집에 가게 해주세요."

유 담

2013년 『문학청춘』 등단.
의학과 문학 접경 연구소 소장.
시집 『가라앉지 못한 말들』 『두근거리는 지금』.
산문집 『늙음 오디세이아』 『의학에서 문학의 샘을 찾다』
『글 짓는 의사들』.
hjoonyoo@gmail.com

시인의 말

시력도 똑같다, 세월이 쌓이면.
저 뒤에 놓여버린 만발한 시선의 한 조각으로,
구부정히 깜박거릴 뿐.

만발

만발의 순간이 있었을까
어둠에 가라앉은 눈으로 찾아 나선다

청색 상의 입은 대낮이 한 갈피 비운 구부정한 강가에서
마른 나뭇가지처럼 앙상한 햇살을 긁어모아
그늘 찾아 움찔거리던 낡은 초가 뒤편으로,
창살에 충실한 햇빛과 무관하게
하늘은 새파란데

출렁이는 강물 위에 뒤처진
저릿한 만발의 한 조각이라도 너그러울 수 있다면

그럴 수밖에 없어 놓아 버린 시선
못내 놓친 섭섭함에
빛바랜 시력표 앞에 뿌옇게 서서

칠십 년 묵힌 한밤의 첨과 나중이
꼬였다 풀어지는 낡은 안경 나사처럼
불면을 맴돌고 돌다
창문을 바라본다

새벽이다

안경

오늘이 답답할 때면
하루에도 몇 번씩 안경을 벗는다

도수만큼 굽혀야 똑똑히 서는
본디 모양은 흐려져 있는가

하루가 흐릿하면 버릇처럼
안경알만 골고루 닦는다

막다른 골목 희미한 창에
입김 불면 후-우-
마술처럼
흐릿함과 또렷함이 하나가 되듯

오늘은 오늘끼리 또 겹쳐지는가

겨울 파도

바다로 간 겨울이
파도가 되었다는 풍문에
사람들이 바다로 떠났다

파도 위를 춤추고 있다는 소문엔
미처 나서지 않았던 이들도
거리를 떠났다

신호등만 남은 교차로
소문이 겨우내 깜박거렸다

얼음이 풀리자
포말처럼 하얗게 물든 이들이
비린 목청으로 깊게 돌아왔다
삭풍에 움츠린 저녁 수평선은 몹시 출렁거렸단다
노을에 빠지지 않으려 숨 가쁘게 두 발 구르며
지평선만 바라보았단다
아득히 흔들리는 빌딩 불빛들,
밀물도 썰물도 함께 풀어 넣어
한소끔 그리웠단다

〈
비린내 가득한 카페 창밖
신호등 깜박거린다

번역시 소개

Caminemos
Carlos Alfonso

함께 걸어요
번역 김애양

Caminemos

Carlos Alfonso

Ven, a nuestras sombras a dar un paseo llevemos;
para que mi mano rodee tu espalda
mientras la tuya, en mi cintura, se atora en mi presilla;
para que cuando la soledad nos quiera acompañar,
tú y yo, simplemente, caminemos.

Ven, a lo mejor encontraremos otra flor amarilla,
que tus ojos seduzcan los míos cuando nos miremos;
que a mitad de esta acera,
para compartir nuestros sueños,
simplemente nos baste caminar.

Dos soledades hoy se hacen compañía;
indiferencia a los extraños mostremos,
al igual que lo hacemos con la lluvia, al andar despacio;
caminemos y hagamos de esto, hoy,
el mejor pretexto para juntos estar.

Vamos a perdernos entre rostros opacos,
aunque algunos nos juzguen con una mirada inquisidora

y otros con la envidia de querer amar;
que la rebeldía de nuestra juventud guíe nuestros pasos,
caminemos que la lluvia tiene a quién mojar.

Dos aromas caminan conjugados:
el tabaco de mis labios
y, de tu cuerpo, la vainilla y el chocolate
de un pan dulce recién horneado.

Las voces mudas de dos almas
ensordecen el eterno bullicio de la ciudad;
de nuestras almas las voces con miradas platican,
así como luciérnagas lo hacen destellando
al desafiar la oscuridad

Poco a poco, dos antes entre sí extraños,
al entrelazar sus manos no sólo se conocen,
sino que también sus destinos enlazan
con el simple hecho de caminar.
⟨

Ven, a nuestras sombras a dar un paseo llevemos;
para que mi mano rodee tu espalda
mientras la tuya, en mi cintura, se atora en mi presilla;
Para que, cuando la soledad nos quiera acompañar,
tú y yo··· simplemente caminemos.

함께 걸어요

번역 김애양

이리 와요, 우리 그림자를 데리고 산책해요
내 팔이 그대의 등을 감싸고
그대 손가락이 내 허리띠 고리에 걸린 동안
고독이 우리와 동행하고 싶어지도록
그대와 나, 걸어보아요.

노란 꽃을 보게 될지도 몰라요
우리 서로 마주 볼 때 그대 눈이 날 유혹하기를.
이 거리 한가운데에
우리의 꿈을 나누기 위해
그냥 걷기만 해도 충분해요.

두 고독이 오늘 함께하네요
비 오는 날 천천히 걸을 때처럼
타인에게 무심한 모습을 보여주어요
오늘 이렇게 걸으며
우리 함께 있을 구실을 만들어 보아요.

무심한 얼굴들 사이에서 길을 잃어도 좋아요
누군가 우릴 비난하거나

사랑을 갈구하며 질투한다 해도
청춘의 반란이 우리의 발길을 인도하기를
비에 젖을 우리 함께 걸어요.

두 향기가 대비되어 걸어가네요
내 입술의 담배 향
방금 구운 달콤한 빵에서 풍기는
그대 몸의 바닐라와 초콜릿 향.

두 영혼의 말 없는 대화는
도시의 소음을 잠재우네요
영혼의 목소리는 눈빛으로 주고받아요
마치 어둠 속에
반짝이는 반딧불이처럼.

낯설었던 두 사람이
손을 맞잡을 땐 점점 서로를 알아가고
서로의 운명을 묶는 것이죠
단지 걷는 것만으로.
〈

이리 와요, 우리 그림자를 데리고 산책해요
내 팔이 그대의 등을 감싸고
그대 손가락이 내 허리띠 고리에 걸린 동안
고독이 우리와 동행하고 싶어지도록
그대와 나 함께 걸어요.

까를로스 알폰소
Carlos Alfonso Macias Valadez Elias

멕시코 국적
교수이자 언론인, 소설가, 시인.
한국외국어대학 교수(통번역대학).
대표 시집 『열정』, 소설 『십자가벌판』 등.

김애양

산부인과 전문의, 의학박사.
미래여성의원 진료원장.
한국외국어대학교 스페인어문학과 박사 과정.
한국의사수필가협회 회장 역임.